我躲進蓮藕孔洞內乘涼

2021~2022 的心情詩集

陳 福 成 著

文 學 叢 刊
文史哲出版社印行

國家圖書館出版品預行編目資料

我躲進蓮藕孔洞內乘涼：2021~2022 的心情詩集 /
陳福成著. -- 初版 -- 臺北市：文史哲
出版社, 民 111.05
頁；　公分 --（文學叢刊；457）
ISBN 978-986-314-601-8（平裝）

863.51　　111006428

文學叢刊 457

我躲進蓮藕孔洞內乘涼

2021~2022 的心情詩集

著　者：陳　福　成
出版者：文　史　哲　出　版　社
http:// www.lapen.com.tw
e-mail：lapen@ms74.hinet.net
登記證字號：行政院新聞局版臺業字五三三七號
發行人：彭　正　雄
發行所：文　史　哲　出　版　社
印刷者：文　史　哲　出　版　社
臺北市羅斯福路一段七十二巷四號
郵政劃撥帳號：一六一八〇一七五
電話886-2-23511028・傳真886-2-23965656

定價新臺幣三四〇元

二〇二二年（民一一一年）五月初版

ISBN 978-986-314-601-8　　10457

序詩：我躲進蓮藕孔洞內乘涼
——在我70歲的時候

據聞
當天下不可為時
竹林多賢人
老夫也已瘦成一介草民
緊擁一片黃昏彩霞
可喜的是
最愛睡覺
夢中王國超可愛
那已逝去的
就由清風去論述吧
評說由人

吾不語
只想躲進蓮藕孔洞內
乘涼和
寫詩

黃昏裡
走在寂寞的霧中
與孤獨對話
竹林有賢人哼著歌
也是躲避亂世的
不想看著島嶼沈淪
寧可解放自己
餐風飲露
大家都躲起來
躲避綠色恐怖
躲避現代東廠
我躲進蓮藕孔洞
乘涼和

寫詩
遺忘一個黑暗時代

幸或不幸
七十歲的時候
見證一座島的沈淪
妖魔鬼怪搞垮了
人的世界
黑暗降臨
螢火蟲無光
星星的臉也黑了
這一切
我從蓮藕孔洞內望出
都被我看見
我用詩記錄下
這個時代
在我七十歲的時候
一個島嶼的不幸

及我的心情

蓮藕孔洞
是怎樣的世界
你千萬不要以為裡面潮濕又暗
孔洞是另一個宇宙
像是你所在宇宙
的平行宇宙
一樣有日月星辰
但無萬有引力的牽扯
四季光明
因為日月常結伴同遊
這個宇宙內沒有黑暗
更無東廠
是一個快樂的花園
詩人躲起來等待
等待天下可為

附記：本書作品都寫於二〇二一年到二〇二二年春之際，正是我七十虛到七十實歲間，一些心情的捕捉，記錄這個時代的這個地方人鬼之事。

台北公館蟾蜍山萬盛草堂主人**陳福成**誌於
佛曆二五六五年　西元二〇二二年春

我躲進蓮藕孔洞內乘涼
——二〇二一～二〇二二的心情詩集

目 次

第一輯　我躲進蓮藕孔洞內乘涼

彭正雄先生（前排右三）創建的文史哲出版社，目前由女兒彭雅雲小姐（後排左二）接班。前排左三是彭夫人韓游春女士。

台大教官聯誼會，前排左二是總教官李長嘯將軍。

躲進蓮藕孔洞內乘涼

太黑、太亂
島嶼沈淪了
只好躲進蓮藕孔洞內乘涼
裡面涼快無比
又清香
我乾脆把文房四寶
還有萬冊藏書
生活所需等
搬入洞內
在裡面生活寫作
賞花看月
快樂似神仙

躲避無常

每日與無常同居
很恐怖
人會受不了
想不開
就會跳太平洋
得找個地方躲起來
蓮藕孔洞內
清淨又隱密
躲進去
得到清淨的心
寫些乾淨的詩

在蓮藕孔洞內煮

洗完澡、梳好鬍子
端一杯
蓮藕咖啡
品讀
我的新世界
藕孔如宇宙

清風徐來
有蓮的清香
翻開一頁書
我思索
把創意煮沸
再讓思想長出翅膀

反思

住在蓮藕孔洞內
讓人身心靈
清淨多了
一面鏡子反思自己
都是前世不修
這輩子
得面臨一個末世
積累的
愛欲情仇
貪嗔痴慢疑何其多
如今外面的世界都放下
只保留這蓮藕之家

蓮花的裙子

坐在蓮藕孔的門口
吃一碗蓮子湯
甜甜蜜蜜
目前人生就是
這一味
旁邊清雅的蓮花仙子
穿一件短裙
微風對她吹口哨
笑著說
妳的裙子越來越短
表示經濟環境好

在蓮藕孔洞內散步

我保持早晚散步的好習慣
進住蓮藕之家也是
孔洞內
風光無限
一孔一世界
一洞一如來
走著走著
一段自己的遠古時光
隨清風飄來
是自己走過三世的足跡
在腳步聲傳到耳際時
瞬間又成為過去

蓮夢

昨夜有夢
夢見蓮
蓮也夢見我
我們牽手在蓮池畔
賞蓮花
情境多麼清醒

醒來時
夢境仍在
這夢如蓮之真實
想來今晚早睡
再牽蓮的手
賞花看月

在藕孔看世界

坐在藕孔窗口望出
依然不變的五濁
我只看蓮花
從蓮花中看到天堂
通往佛國淨土
細雨飄飄
與花葉
在湖面上
共構一幅清淨的夢
這是我現在從藕居
所見
最喜歡的紅塵

外面傳來的風聲

躲進了蓮藕孔洞
享受清淨
但你不能使
風不吹、雨不下
外面的風聲傳來
島嶼仍在沈淪
妖女領導仍在偽官府內
私通西方妖獸
而人妖魔男
仍在散播毒素
風聲激起水面漣漪
不久也一一消逝

捕捉風聲雨聲

在蓮藕孔洞內
構建一座
孤的，花園新城
有如宇宙虛空的世界
就住在裡面
織夢、創作、種田
外面的風聲雨聲傳進來
我逐一篩選捕捉
補充創作的情節
或轉化成土地營養
剩下的垃圾
再利用於織夢

睡蓮

與藕同住
一起睡蓮
午夜我刻意不睡
捕捉一段妳
睡姿的美感
美化我的詩
其實
妳睡或不睡
我都喜歡
就長期藕居
與睡蓮
共織美夢

躲起來是不對的

躲進蓮藕孔洞內
是不對的
大丈夫
面對島嶼的沈淪
妖女魔男
不男不女的人妖
為害眾生
理當起而號召革命
奈何，島上眾生
都是中毒的青蛙
天下不可為
詩人躲起來

藕居沈思

藕居，能改變什麼
一樣的月光
腐敗的土壤
依然腐敗
人妖高高在上
妖女一樣當領導
風聲日緊
雨聲越來越沈重
青蛙無感
我沈思故我在
無助於世
我一再沈思

用筆革命

吾雖躲進蓮藕孔居
享受清淨
時而
依然心懷天下
痛恨那分裂民族的妖女
討厭不陰
又不陽的人妖
孔子成春秋
亂臣賊子懼
吾亦可用筆革命
筆伐島上妖魔
彰顯春秋大義

風暴又起

於蓮藕孔洞之角落
練習打坐
聞
外面黑暗風暴響起
是妖女魔男作亂
勢頭對蓮田而來
我趕緊誦念
無罣礙
無有恐怖
遠離
顛倒夢想
那風暴如一片落葉
飄落於蓮池

人妖來了

風暴過後
又有人妖來擾亂
仔細一看
原來是偽行政院妖風
那個不倫人妖
從島嶼上層
往下妖魔化
我只好誦念
一切有為法
如夢幻泡影
那妖風
化成一陣清涼
從藕孔窗口吹過

藕香

散步於蓮田
藕香
以天堂鳥的姿勢
飛過
如夢的晨霧
舞動翅膀

藕香
屬於彩色
她靜靜
拈花一笑
如夢
飛向蓮田遠端

外面有戰火

在藕孔內
聽經聞法
突然
外面有口水迅速
變洪水
到處有災難
接著砲聲隆隆
是妖女和魔男對戰
少數青蛙造反
島嶼搖搖欲墜
我躲入藕孔深處
不聞為淨

蓮池的黃昏

在蓮藕孔洞內
寫完第一百五十本書
走出藕門
欣賞蓮池的黃昏
起落的一生
如蓮的枯葉
準備轉世

暮色終將吞噬一切
有為或無為
是否都被淹沒
我向晚霞
拈一朵蓮花笑
晚風亦笑
笑得有些滄桑

一朵蓮花落下

她出身寒微
環境泥濘
卻一生保持
身心靈清淨

她走過生老病
以雪花的姿勢
迎接轉世
軀體輕輕飄落

回歸原鄉
是鄉愁的仙藥
躺在大地
等待一個母親

在藕孔內飛翔

藕孔內
是另一個平行宇宙
仰望天空
有星星嫣然一笑
你身心沈淨
往昔歲月
在眼前
悠悠、匆匆起飛
青春到老
如夢境飛過
半世紀了
尚未飛到邊界

藕孔內的一日

記下一天的流水賬
外面依然是
群魔的天下
妖女的淫水
淹沒島嶼
這些都在詩裡記下

在我的世界
藕香飄飄
魚兒鳥兒自由對話
創意也長出翅膀
只有蓮花盛開
共構一幅唯美風景

不是神話

千軍萬馬
躲進藕孔避難
不是神話
故事
寫在信史時代
場景已成經典

我的事件
只寫在詩記裡
難以言說
在藕孔內度春秋
創造傳奇
是我人生經典

聽蓮說

蓮是佛拈過的花
因此蓮能說法
也能講經
魚兒鳥兒
常聽得津津有味
其他眾生粉絲也多

我與藕同居
最有機會
聽蓮說
因是無情說法
人類之中
聽懂的粉絲不多

藕居生活

在蓮藕孔洞內生活
也不寂寞
很多朋友常來造訪
魚兒鳥兒是常客
烏龜、蜻蜓、鵝雞……
偶來聊八卦

尤其在梅雨季節
黃昏細雨時
我們享受一段
年輕的浪漫
在雨中散步
是藕居生活的意外

藕友

與藕同居
住久了
成為好朋友
我們形影不離
千山不獨行
她喜歡我煮的咖啡
我喜歡她煮的藕湯
她寡言
肉體有限
空間有限
這樣好
我愛大虛空

閒

把日子放空
讓身心
浮在半空中
晨間
繞著蓮池
找尋些年輕的夢

晚間坐在
藕孔的窗口
對月傻笑
或思索
今夜的夢境
需要什麼情節

藕孔風光

蓮藕孔洞內
是一個奇妙的世界
物理定律不適用
虛空無界
用光年也難測
四季如春
心想事成
人不受肉體限制
一切物種皆
有善無惡
與外面世界的風光
成強烈對比

藕孔窗前雨

詩人都會發呆
為捕捉一隻
靈動意象

此刻我呆坐
藕孔窗前
凝視細雨的姿體語言
它一定帶有
外面世界的訊息

雨中有霧
看不清楚未來
幸好清香依舊

花影蝶影

一隻彩蝶
戀上一朵蓮花
花影蝶影

他們儷影雙雙
跳起雙人舞
我藕孔窗口凝視
分不清是蝶是花
或是夢

一隻一隻又來一隻
此刻世界
瞬間繽紛

藕孔內外都是詩

詩存在於任何地方
藕孔內外都有詩
只差捕來一用

捕捉外面世界的詩
詩中都有火
有刀光劍影
鬼影幢幢
意象也太沈重

藕孔內的詩
身心靈清淨
意象都一派純潔

藕內最忘憂

五濁惡世那些鳥事
妖與魔的戰火
噁心的人妖
可憐的青蛙
都隔離在藕孔外
我可暫時忘憂

時間忘記我
生老病死
都暫時忘記
忘記愛恨情仇
忘記我從哪裡來
以為只是一棵忘憂草

藕內一段旅程

人生旅程難以盡述
藕內乘涼
只是臨時避難
不經意的經過多年
藕內河山
依舊嫵媚
纏綿的故事還是有
愛情仍存在
女人還是會害人
你是否被害
得看自己的修行
避難藕內
不保證沒有死亡

藕內四季

蓮藕孔內一世界
像是一塊淨土
春有百花秋有月
夏有涼風冬有雪
讓人清淨
四季好時節

藕內的天空
天天天藍
藍色不憂鬱
放眼看大地
到處一片綠油油
綠色不貪婪

一隻少水魚

躲在藕孔內乘涼
褪化成一隻魚
水日少一日

數十年繽紛
已褪色
記憶凋謝
掉落大地後
再也回不來

水又少了許多
能說的故事
不知道尚有多少

坐在藕孔門口聆聽

被一隻鳥叫醒
晨間有霧
坐在藕洞口聆聽

蓮池有動靜
露珠跳水
風聲一片叫好
蓮的裙襬
翩翩起舞

蓮池外風聲
聽起來就不乾淨
把聽覺隔離

藕孔中望太平洋

從藕孔中看世界
蓮池瞬間長大
成一座太平洋

這下可熱鬧了
片片蓮葉
壯大成
航母戰鬥群
分不清敵我

新八獸聯軍已然迫近
龍族也不是吃素的
太平洋瞬間縮成蓮池

藕孔世界無日月

自從躲進藕孔內世界
不知多久了
現今何年何月
吾也不知道
藕內日月還是有
不知它們
誰繞著誰轉
這裡的時間只有兩種
醒的
和睡的
這樣最好
日月皆無人永不老

在藕孔內禪修

長居藕孔內禪修
朋友問
怎麼個修法
我說不外
餓了就吃飯
睏了就倒頭睡大覺
寒時加衣
熱至蓮池畔吹涼風
老友一個頭兩個大
我再補充
創作、寫詩、喝茶
都是禪修啊

一池枯葉

何樣的季節
從藕孔之窗望出
一池枯葉
鳥不生蛋
蝴蝶集體搬家了
像一個無人收拾的
古戰場
這是蓮的人生吧
等待輪迴
此刻頓悟
榮與枯
原是一家人

靜觀一株蓮

穿過一方薄暮
靜觀
一株蓮
發現她
正無情說法
看啊
結跏趺坐
盤腿閉目
此刻的我
暮色中放悠光
不知悟或未悟
只是受教

藕池煙雨

其實不必
大老遠跑到江南
看煙雨
在我藕居的蓮池
四季煙雨
各有各種不同姿態
打傘的女子
收藕的婦人
遠觀
也分不清楚
天上人間

不一樣的青蛙

我對外面的青蛙
一向沒有好感
他們是被煮過的

我意外發現
藕居的蓮池裡
有不一樣的青蛙
聽他們的叫聲
就知道沒被煮過

我要重新認識
同是青蛙
也有很清醒的

第二輯　世界是個黑洞嗎？

台北市中庸學會會員大會，理事長彭正雄先生（左一）2022.03.05

台北市中庸學會會員大會，左起，吳信義、彭愛真、林恒雄將軍、筆者、吳元俊合影。2022.03.05

世界是一個黑洞嗎？

我們都住在這黑洞裡
強大的引力
不停把人攪拌
攪拌
從生到死
都在黑洞輪迴
一幕幕
黑幕、黑箱
黑了你的生死
都逃不出黑洞的掌控

有人指出不黑的
甜的、不苦

都是黑洞中的謊言
因為你有所愛
有所慾
你如何能逃出黑洞
投降吧
世界本來就是一個黑洞

我不想逃
生在黑洞
就住在這黑洞裡
只要我心不黑
黑洞就不會太黑
甚至與黑共舞
也是一種樂趣
我慢慢習慣黑洞
進出黑洞
其樂無窮

於是
我喜歡在進出黑洞後
點一根煙
端一杯咖啡
坐在黑洞旁
欣賞黑洞的睡姿
不也是一種人生的滿足

因此、關鍵
不在這個世界是不是黑洞
而在你內心
是不是黑洞？

一個鬼地方

其實這裡只是一個沒有鬼的
鬼地方
每天的風聲都在哭
不是死了爹娘
那種哭
四季的雨聲也在哭
不是痛苦亡了國
那種哭
而是這地方的人
都由鬼來當領導
你說這裡的眾生哭不哭
十二生肖
天天哭

哭的死去活來
因為這個鬼地方

但這鬼地方也很神奇
鬼和人一樣
人模人樣的
組黨結派
也搞起自由民主人權
都為了無限擴張鬼權力
得到強大的鬼資源
少不了一陣陣撕殺
最後有個強大的鬼王
高舉勝利的旗幟
宣稱是這鬼地方的
最高統治者

宇宙間的一切
都有意外

更有例外
本來我以為這個鬼地方
所有的人
早已全部中毒成為
活生生的鬼
原來我錯了
我就是這鬼地方的人
我又發現
有更多的人宣誓
他是活生生的人
絕不接受鬼領導
大家起來抗議
要回歸人的世界
我開始焦慮
能成功嗎？

鬼之恨

這鬼地方
本來都是人
為什麼很多很多人
都變成鬼
因為牠們心中
充滿鬼之恨
所以雖為人形
卻已是鬼
牠們歎成為鬼
走過的路上沒有足跡
陽光下沒有影子
乾脆一切行動
都走夜路

夜路上所碰到
反正都是鬼
鬼和鬼之間好溝通
可以一起聊八卦
傾吐
鬼之恨，原來
牠們也恨
這鬼地方

過日子

活在一個鬼地方
也得過日子
不跳太平洋
端一杯中式咖啡
窗口雅坐
或想夢中情人

大白天
有鬼火飄來
牠想讀你
別理牠
當牠是空氣
你才能平靜過日子

那些鬼
無所不在
以各種形式，或規格
或有形，或無形
或合法，或非法
天天
乃至日夜
不斷的騷擾你
要亂你心靈
也別理牠們
當成是一群泡影
瞬間破滅
你就是觀自在了
天天日子都自在

如是我聞
我聞，在窗口雅坐

沈思、冥想
一杯咖啡冷了
我張開眼
想看看那些鬼
還在不在？
極目望出
眼前
出現一片淨土
我日子過得
像神仙
原來這鬼地方
也能有
好日子過

為什麼喝咖啡？

為什麼要喝咖啡？
不喝茶
因為喝咖啡
聊是非
是非聊完
愛恨情仇也完了
更重要的
你看
那東邪、西毒、南帝、北丐
中天之天王
快把地球玩爆了
你受不了啊
胸口堵塞

快要去跳太平洋了

終於
一杯救命的咖啡
以八卦
化解了愛恨情仇
瓦解了美帝
美帝終於承認
當初說伊拉克有
毀滅性化武
只是一包洗衣粉
還給伊拉克人民一個公道
而俄烏之戰也圓滿結束
烏克蘭也同意中立化
去軍事化
這些都在我喝咖啡時間內
在八卦中
就發生了

喝咖啡
竟有這麼多功德
你說
我們要不要喝咖啡

所以我主張
請習近平同志經常邀約
拜登、普丁、歐盟主席，還有
印度阿三的領導
當然蔡英文也可以參加
大家一起聊是非
一切問題都化解了
世界大同於焉實現

等

我看
大家都在等
都在等什麼？
且不管他們
我也在等

進了校門
等出校門
出了校門
我一直在等
等可能有一陣風聲
如情歌之溫柔
讓我再也不再等待

然而
日子如夢幻
之縹緲
僅一轉身
花開花落
已過五十秋

我仍在等
自在中等
偶爾喝咖啡聊是非
無怨無悔
時而看花賞月
無住生心
我知道
我會等到一個吹千孔笛的人
駕一艘無底船
接我
到那時
我再也不等了

與太魯閣情話綿綿

台北人太孤獨了
也太寂寞
都會區熱成一座大牢房
活在這裡的人
個個想逃
逃到後花園
找尋理想中的情人
情人有山有水
做什麼都可以
出逃
得以暫時解放身心靈
我是

眾多出逃者之一
我帶著一家老小
一起逃
逃向太魯閣
投向她的懷抱
與她情話綿綿
黃昏時
一條名叫慕谷慕魚的
在我的身體進出
導致我和山水石岩等
皆零距離
山水石岩和綠葉紅花
都想和我聊八卦
我以心傳心說
我喜歡綿綿情話

那河床裡大大小小的溪石
對我點頭

綠水再不澎湃
而是情話輕聲細語
潺潺傳來
讓人清淨
也叫人解放或興奮
原來，這
也是另一種愛
古人梅妻鶴子
我不能把太魯閣當情人嗎？
不能和她做愛做的事嗎？

彎曲的山谷
像她的心思
陽光照進來時
她燦爛甜美的微笑
是台北人所沒有
木瓜溪最可愛
可愛得

不食人間煙火
就是這樣
才叫人興奮
而越是這樣
就越是散發出
致命吸引力
越讓人不想回台北上班
乾脆就
入定到岩石中
永在太魯閣
與那永恆異色的山水
談一場無止境的戀情
情話綿綿
到地老天荒
海枯石爛

天祥是另一種具有
致命吸引力的情人

她安祥
靚深、神秘
她的情話如神
神話般
從四週高聳的山壁乘微風
綿綿、款款傳來
傳入你心房
她很快將你捕捉
你也臣服
乾脆就在這裡
出——家
嫁給天祥
在天祥老死
這樣我才能和太魯閣群山
情話綿綿
到地老天荒，
海枯石爛

人間事總不能如願
甚至身不由己
在這鬼地方
台北還是有一股強大的力量
把我綁架
綁回台北
如同美帝綁架伊拉克
俄國綁架烏克蘭
皆無反抗之餘地
伊拉克人太笨
烏克蘭人更是白痴
我可不一樣
被綁回台北之際
我已啓動了再逃機制
太魯閣以情話
呼喚我
綿綿情話綁住我心

我將在最短時間內
相機出逃
逃向太魯閣
與太魯閣永結同心
一生一世
情話綿綿

歷史是鬼創造的

以前我相信歷史
相信歷史都是真的
真的，不騙你
華盛頓是誠實的孩子
傑佛遜沒有屠殺原住民
層層的彩色紙
還是包不住火
原來那歷史
都是鬼創造的

放眼天下
歷史是什麼
小日本鬼子佔領台灣時

特別愛護台灣人
一個不殺
且讓台灣人吃牛排
自己的小日本鬼子吃地瓜
為台灣人成立台北帝大
專給台灣人讀
不讓自己的小日本鬼子讀
這是現在一群鬼
編寫的台灣鬼歷史
這是可以相信的
因為鬼地方
當然就是鬼歷史
合情合理
且經得起檢驗

讓我們讀讀這些個
鬼歷史吧
我屏息

不敢呼吸
打開一本歷史課本
一群鬼就跳出來
高舉勝利大旗
鬼的微笑讓人心寒
微笑彷彿悲鳴
一群群廝殺
分不清是人是鬼！
血腥溢出課本
我趕緊將課本關閉
深深，深深
吸一口氣
要讀懂這鬼地方的
鬼歷史
真不容易
需要有一顆豬腦袋
有一顆豬腦袋

還是遠遠不足的
你要把自己變成鬼
才能讀懂鬼歷史
如果你堅持自己是人
便永遠讀不懂鬼歷史
道理很簡單
人懂人歷史
鬼也一樣
把自己化成鬼
自然讀懂鬼歷史

現在這個鬼地方
已然都是鬼
牠們不僅重編鬼歷史
重劃世界鬼地圖
重建鬼展覽館、鬼博物館
鬼紀念館
最神的是

中正紀念堂改鬼紀念堂
故宮博物院
改成鬼博物院
所有的傳播媒體
都用鬼語言
鬼話連篇
才能彰顯鬼族的核心價值
創造鬼族新歷史

鬼族是有願景的族類
至少在這鬼地方
鬼要永久執政
為此，鬼們
不僅要創造鬼歷史
也要掌控
其他族類的歷史
所有的歷史
都由鬼族創造

由鬼族編寫
經最高鬼立法院三讀通過
鬼總統公佈施行
並公告天下
歷史是鬼創造的

問天

天下雨了
娘就要嫁人
為什麼？

我肉身浮游起來
緩緩接近天
與天聊聊
生命有太多無解
進化論沒有答案
為什麼？
我輕輕沈下
再飄浮

就這樣浮浮沈沈
在雨中
娘說要嫁人
一再問天
仍無答案
難道這就是
生命的本質

寫給虛無的情詩

人都有所愛
寫情詩
各式各樣的寫法
用手寫、用眼寫、用嘴寫……
有形的、無形的
有字的、無字的
都是情詩

這麼多情詩
要寫給誰？
情人不可得
只能寫給虛無

親愛的虛無
我——愛你
你不回答
就是默認
我偷瞄一下
果然含情默默

我牽著虛無情人
看電影逛街
賞花看月
喝咖啡培養感情
日復一日
寫出了很多詩

我心中始終有一個虛無情人
她是生命的「力必多」
創造的原始動力
過去、現在、未來

我以各種形態
寫給我的虛無情人
許多情詩
有情人生詩話

啊，有個虛無情人
總比沒有好

第三輯　六加四老友相聚

六加四老友定期相聚於天成飯店（2022.02.24）

黃昏四老左起，俊歌、吳信義、陳福成、彭正雄，
定期於彭公館雅聚。(2022.01.23)

為什麼要寫詩？

詩雖虛無
卻是我的情人
不止是情人
詩也是我的避風港
我的桃花源
我的理想國
我的核武戰力
只要我寫詩
這個世界，乃至三千世界
任我行、任我玩

你看
地球上最邪惡的美帝

到處滅人國
任意拿包洗衣粉
說伊拉克有化武
便出動大軍滅了人家
你怎麼辦？
就寫詩轟炸美帝
他炸人家
你就炸他
你炸的不亦樂乎
一首詩於焉完成

你再看看
美帝不斷策動
北約東擴
壓迫得俄羅斯快不能呼吸了
如果烏克蘭
又入北約
俄羅斯將死路一條

幸好，俄人
出了一個普丁大帝
又有神州之神支持
先下手為強
迫使烏克蘭中立化
去軍事化
進而中俄聯手
離間歐美、瓦解北約
確保歐亞大陸塊安全
破解西方海權封鎖
這些偉大的使命
都在你的詩中完成
你亦完成一首詩
不亦樂乎

身為一個詩人
就用詩指點江山
經營一個理想國

這是你一生一世的桃花源
在你的國
你是國王
你是朕
一切國土是貴國領土
一切眾生都是子民
這些都是因為
你是詩人
你說
為什麼不寫詩？
若你不寫
你什麼都不是！

再寫一首詩

為了改變
一個鬼地方
天空的顏色
我再寫一首詩
詩裡天空是藍色的
大地有紅花綠葉
眾生安全繁殖
不會引來戰火
在我的詩國
世界永久和平
天下為公

為了挽回

一段失敗的戀情
挽回離去的情人
我再寫一首詩
詩中的愛是圓滿的
情人回頭了
走進我的夢中
也在夢裡
修成正果
這就是為什麼
要寫詩的道理
孔老不是說過嗎？
不學詩無以言行

現在我再寫一首詩
又一首
給你、給他
給自己，給世界
創造詩的理想國

你是世界一超
沒有多強

肥貓說

真享福
不須工作
坐領高薪
每天吃得肥肥胖胖
在你的世界
社會流行退化論
十二生肖
都被你恥笑
沒用的東西
苦幹實幹
撤職查辦
像我肥貓老大
遊手好閒

錢來也
誰能奈我何！
我有大靠山

靠山不重要
因為那些靠山
也是我經營出來
我努力過
我當肥貓
理所當然
而你
還在撿破爛
誰叫你
不經營靠山

肥貓的思維
不同於十二生肖
肥貓是三維立體思考

最聰明的肥貓
甚至是四維、五維
很厲害的
可以光天化日下
吃掉整個國家
我只是一隻普通的
三維肥貓
頂多就是吃點人民的血汗錢
撈些人民的血肉
其他沒什麼大本事

鳥說

晨間
窗外兩隻鳥聊八卦
喚醒我
聽牠們聊什麼
原來牠們聊到
近親烏克蘭
沒頭沒腦
搞不清自己身份
看不清國際趨勢
才落得今天下場

兩隻鳥越說越感傷
烏和鳥

同宗同族
一家人
苦了烏
烏也難過

我在半睡半醒中
似有所悟
起身
迎接美好的一天
突然新聞傳來
一隻名叫龐培歐的鷹
飛進這鬼地方
聲稱支持這裡的鬼
對抗大公雞
讓我又想起烏說……

烏、烏、鷹、雞
都是同類

一家人
同是一家人
家人何必為難家人
難道自相殘殺
是物種的本性嗎？

給我的小金庫

感覺是正確的
正確的直覺
就跟著直覺走
放在你這裡
我放心
如同水
把心交給雲
是生命中的一段
悠雅的情

小金庫
散發一種美感
那美感

溫暖我心
不像金質的冷
牽起你手
就如得到天下

這是小金庫的媚力
不論日夜
或這輩子
你是我精神上的金庫
晨間散步
夜晚賞月
看霞彩美景
我總想到我的小金庫

樓蘭

誰是樓蘭
樓蘭在哪裡
從未聽說過
有一天
樓蘭突然在我心中
有一席之地
因為有一年
軍事活動都暫停
百姓不做生意
軍民有志一同
搶看《楚留香》
所以樓蘭上我心

是聽楚留香說的
從此以後
樓蘭紅了
住上每個人的心房
她定是美的化身
美如夢幻
才會吸引所有的人
一曲《我的樓蘭》
流行成每位粉絲心中
我的樓蘭

樓蘭，妳從漢唐走來
兩千歲了
依然是活生生的美女
妳的國
也是永恆的夢
絲路上的明珠
因一帶一路的壯大

樓蘭將成為中國夢的
夢中夢
吸引更多人
來築夢
逐千年之美夢

都是八卦

時代變了
一切都八卦化
談情説愛是八卦
國事全然是八卦
於是
所有的真理
也都向八卦臣服
成為八卦的
次八卦
生活，只不過是
另一八卦模式

所以

不要相信美國登月
解放軍是吃素的
俄烏不是在打架
他們開同樂會
鬼地方沒有鬼
沒差別
反正是八卦

你是人嗎？
不，你不過是一片
孤獨的雲
一片孤獨的八卦
別相信有生死
那不過是一片雲的
一場八卦夢

別相信歷史
一戰、二戰是什麼？

珍珠港事件死了多少人？
「九一一」是誰的春秋大業
「三一一」沒死一人
都是牛鬼蛇神製造的
超級八卦

這年頭都是八卦
看那偽總統府、偽行政立法……
天天生產八卦
有人罵你、攻擊你
別理那些白痴
都不過是
一些八卦

會殺人的花

大白天
附近傳來吵雜的風聲
風聲越來越繁複
夾雜著哭聲
接著救護車來了
大批警力
拉出包圍圈
驚動附近街弄
看熱鬧的潮水
久久不退潮

原來故事早已深藏多年
現在藏不住了

如那烏克蘭危機
瞬間爆發
奪人性命
危機來自一朵
浪漫美麗的花
更會吸引蜂蝶
有不愛花的蝶嗎？
有不採花蜜的蜂嗎？

一朵美麗的花
加上年輕的誘惑
產生一股
致命吸引力
吸引一隻中年而
高富帥的雄蜂
乾柴烈火
地火又啓動天雷
他們玩著人世間

最誘人的遊戲
在最隱密處
共築愛巢

偶然間
愛巢被發現
再也藏不住
愛巢瞬間成了戰場
美麗的花
用憤怒的刀
終結了她的愛人
花為什麼會殺人？
詩成之際
警方仍在調查

註：二〇二二年春，萬盛街命案有感。

六加四老友相聚

黃昏六老
共賞彩霞之美
因緣路上
偶遇
四朵美麗的花
共構一桌茶酒
十全十美

醉翁之意不在酒
花語說了不為茶
都是有緣千里來相會
三世因緣結的果
都到齊了

我們擺一桌
有茶有酒
滿漢美食
色香味俱全

一桌色香
價格不多
價值無限

無限的是那一份
育種三世的情
經酒的燃燒
情緒，沸騰著
把一個小小包廂
昇華成有如
國共內戰的大戰場
各方人馬
紛紛找尋對手決戰

直到彈盡援絕
所有酒瓶子都立在桌上說
現在空空如也
酒國英雄方才休戰

戰場恢復平靜後
血液流速
也回歸常態
我們擁抱握別
期待再相會時
你依然美麗帥氣
在酒桌上
重啓一場戰役
人生的道場如戰場
不要怕打仗！

百年後的餐敘

一群老同學相聚
這是二十年不斷的餐敘
大家珍惜這一份
黃埔情緣
席間有同學說
我們餐敘要維持下去
有說要長長久久
地久天長一樣

我說
對，不會斷
永恆不斷
百年後我們都移住

五指山賓館
餐敘地點就在五指山
白天大家不方便出門
餐敘時間一律在
午夜十二點開席
雞啼之前散會
大家哈哈大笑
眾皆稱好

忽有某同學發言說
我才不要去五指山
大漢奸李登輝就在五指山
不與漢奸為伍
另有同學問
不然要去哪裡
他答說
南港軍人公墓也可以
眾口雜說

各縣市都有軍人公墓吧

我向眾人言
各位不急
兩岸很快統一
台灣乃中國之一部份
中國之領土
不容漢奸屍骨
統一之日
就是漢奸屍骨毀滅時
此在中國歷史皆如是
到時五指山清淨
我們再移住不遲
這是最佳方案
眾同學稱好
五指山再續緣

註：陸官四十四期「福心會」，於二〇二一年某次餐敘聊天有感。

光陰是怎麼跑掉的

光陰是所有人的
親密愛人
捨不得讓她跑掉
但她才不管
她說走就走
不管你對她用情多深
誰也留不住她

春天一到
人人臉上都是春天
不久一朵熱情的雲
趕走了春天
使地球暖化

大家希望夏天快走
可以享受秋涼
節省電費
但最省電費是冬天
最愛是春天
光陰在我們的愛與期待中
光天化日下
跑掉了

靜夜思詩

時間經過七十年
一層厚厚的灰塵
沈澱給
光陰收存
月光一片
飄落窗前
已經入冬了
來訪的夜風
依然熱情

舉頭望月
望不到神州
低頭沈思

故鄉早已迷失

有什麼辦法
可以使靜夜燃燒
來一杯高粱
邀月對飲
思緒果然升溫
草成這首
有溫度的詩

石頭釀酒和時間釀詩

煮雲可以成飯
石頭能釀酒
以後不要
再罵頑石了
人生可以有很多奇異
可以無中生有
只看你信不信

詩也不是人寫的
當然不是石頭釀的
時間釀詩
不信你去解剖要一首詩
詩中都有時間的影子

有時間的味道
絕對經得起驗證

所以，詩人
不要再說你
窮得剩下詩
石頭能釀酒
時間能釀詩
別再相信科學
相信你自己就好

都自在

一截漂流木
隨緣漂泊
大水來時如乘高鐵
享受速度的快感
在乾旱期
就在一地停留多時
欣賞當地風土人情
一石一木一世界
不懷念故鄉
因為不知道故鄉在哪裡
玉山、泰山或非洲肯亞
但科學家說
眾生原鄉

在別的星球
沒有鄉愁
也不給自己設定什麼
終點站
我隨緣流轉
自在於
三世輪迴漂流

一截枯木
頂天立地的站著
站成永恆不倒的神祇
無視於春天的繁華
不懼夏日烈火
哪管秋氣蕭殺
也不理寒冬示威
不是固執
我自在堅決的站著
見證眾生來去

啥也帶不走

一粒塵埃
只是一粒塵埃
在三千大世界漂流
不要輕視一粒塵埃
我和星星月亮太陽
無差別
都是宇宙中
一粒塵埃
隨緣自在的漂漂漂
名之曰
自在浮游

俄烏大戰的一個晚上

晚上要睡覺了
仍聞遠方
戰火把黑夜燒成白天
還在臥房一閃亮
嚇我一跳
以為蟾蜍山的雷達站
被砲彈愛上了

聽見逃難者
兒童的哭聲響澈黑夜
政客太牛了
拜登是鬼啊
歐盟如蛇

普丁太神了
各方領導
有志一同為烏國子民
製造夢魇
各大強權才能吃飽喝足
收割利益

經此一戰
強化中俄合作無上限
擴大歐盟與美帝的矛盾
弱化北約
向終結美帝霸權
邁出一步
俄國得到安全

經此一戰證明
歐盟和北約是軟骨頭
美帝暫時獲利

使歐盟成為美帝附庸
最可憐是烏克蘭
沒頭沒腦
搞不清狀況
像這種鬼地方
人民不覺醒
活該啊

俄烏大戰的一個晚上
怎麼也睡不著
你看這鬼地方
四週是海
逃難無路
還是快睡著了就沒事吧

一場假車禍的辯證

光天化日下
萬目睽睽中
眾人皆醉獨他清醒
才能入戲
倒地的一剎那
各方的驚恐
使得假戲成真
話語權太亂
腔調讓人不懂

各種辯證紛紛上演
拳頭怒吼
婦人嘶叫

木棒高舉企圖當見證人
鐵條衝來
顛覆了現場風景
戰火好像就要擴大
警察終於來了

各方說好
回歸理性辯證
儘快處理
以免阻礙交通
到底車禍是怎樣發生的
有各種原因
路太窄
馬路像一條河流
撞人的和被撞的
都善良
沒有害人之心
所以純屬意外

無人可以證明是假的
便是真的

最後結論
警方說要進一步查證
或叫調查局測謊
真的假不了
假的真不了
真相只有一個

結論最後不成結論
其中一方
堅持請包公來調查
一方說叫李昌鈺……

老人家的玩具

人老了
什麼都可以玩
玩具越來越多
比童年多
童年玩具不過是一屋子
現在我老人家的玩具
多如恆河沙
比恆河沙多出幾個
多的沒地方放
只好掛在天上
晚上可以看到
一閃一閃亮晶晶
都是我的玩具

現在的新人類
流行慶祝
父親節、母親節、情人節
說要為我慶祝父親節
我配合他們玩一下
父親節也是玩具
老人玩
孩子也玩
玩具就是要玩的快樂
否則
就不叫玩具

最近這幾年
我玩大的
把玩地球有特殊快感
他們說地球霸權多了不起
我看也不過是

大一點的玩具
川普、拜登又怎樣
都是我老人家
筆下小丑
手上玩物
我說他是什麼
他便是什麼
我什麼都不說
他什麼都不是

很多人說
人老了要留錢
錢也沒什麼
不過是供我玩的玩具
更是我老人家手上
最佳玩物
我不會放著不玩
玩了才顯其價值

所以我把錢
玩得天花亂醉
錢不能留
要拿出來大玩特玩
若不玩
可惜了這個玩物
荒廢了這個玩具

但人生無常
當你老得不能自理
你便成了人家的玩具
任人擺放之玩物
所以囉
老人家們
趁早好好玩
整個天下都是你的玩具
把天下玩垮了
我也不會怪你

成爲灰後

成為灰色
再回頭看這世界
是灰色的
仔細再看
有人捧著灰
說要換個新家
空間雖小
只是一些灰
住起來也算寬廣了
偶爾找左鄰右舍聊八卦
大家都是灰
一切都輕
都已心無罣礙

在灰的世界
也有日月
只是白天太熱
我們都不出門
所有活動
改在三更半夜舉行
這夜我們遠足
走著、走著
走到一條熟悉的路
一戶農家
誕生一個娃娃
我好奇佇足觀看
娃娃和我產生心電感應
我感覺到
娃娃是我的轉世
忽聞雞啼

大家一溜煙
回到自己小小的住家
在家無聊
沈思冥想
人生到頭不過是
一把灰
難怪佛説
一切有為法
如夢幻泡影
緣起緣滅
如今滅成一把灰後
才突然頓悟
真是有一點晚

人鬼兩界都熱鬧

在這個鬼地方
其實天天都很熱鬧
除了鬼
還有妖魔
畜生
天天不是打架鬧事
騙人
（人好可憐，天天被畜生騙）
只是與我無關
不理那些鬼事
畢竟
人鬼不同道

但，這是
熱鬧的一天
對我而言
外面在示威抗議
說要把鬼總統趕下台
把那些玩火的鬼院長關起來
太好了
我得參與
彰顯人間有正義
高喊口號
一時口水變洪水
淹沒了偽官府
爽啊
熱鬧的一天

黃昏時累了
找個地方休息
不遠處的偽官府內

傳來熱鬧的轟趴
打聽之
原來是妖魔鬼畜生等
開著勝利轟趴
慶祝勝利的一天

啊！這一天
人鬼兩界都熱鬧
但心情不一樣
這個世界是多麼顛倒
顛倒的世界
天天熱鬧

第四輯　走過夢時代

台大登山會，2021春，台北郊山。

台大教官聯誼會，2021 春，台北。

走過夢時代

我走過的這個時代
是夢時代
人人都在做夢
從偉大的領袖開始到
士農工商販夫走卒
全都是夢想家
天天光做夢
以夢養家
用夢建國
煮夢便可吃飽
包含我老人家
也織了一輩子大夢
至今未醒

仍織著春秋大夢

回顧這些夢
始於貧窮年代
那是一九四九年過不久
老一輩夢碎後
又織新夢
新的一代才誕生
那個年頭
真是窮得剩下夢
而這種夢
也是營養不良
大家都活在夢中
就這樣過來了
不知是活過
或沒活過
還是重生過

當我成為一個青年時
向偉大的領袖學習
也要織一個
和他同樣偉大的夢
甚至超過他的偉大
我是有恆心的人
從未放棄織夢大業
一生春秋大業
盡在夢中
人生七十古來稀
走過做夢的年代
以詩誌之

等我再老一點

七十古來稀
現代說叫青年老人
老中年輕者
不能依老賣老
因此，我意
等我再老一點
再依老賣老
可以賣什麼

等我再老一點
可以耍賴
借錢不還
說是得了痴呆症

愛吃愛喝愛睡
都隨興
不高興時
躺在地方耍賴
誰都把我沒辦法
如果是這樣
大概是太老了

等我再老一點
只想躺在籐椅上
享受陽光的按摩
清醒的時候
也該清理一下遺產
房產、地產
黃金、股票
公平分配給下一代
我所有的著作
都是中華民族的公共財

以微量分配
給未來生生世世炎黃子孫

等我再老一點
我會為轉世而準備
其實我早已有備
只是要更積極
佛說三世因果
我在這世種因
來世有好果可收
有些事要早做
不要等到最後一刻
萬一來不及……

夜路

烏克蘭是一直在
走夜路嗎
不然，為什麼
始終迷路
還是自己沒頭沒腦
才一直碰到鬼
一邊是鬼王
一邊是魔王
近處、遠方
看不到一絲光

到處是夜路
夜路，沒有路標

沒有交通指揮
碰到鬼
不負責
申請不到保險
然而，夜路
無所不在
你、我、他所走
很多是夜路
得要小心
碰到鬼不要怪誰

期待天亮
路上有光
只要有了光
夜路就不見了
所以先要有光源
天上人間到處找光源
五湖四海到處找

踏破鐵鞋無處尋
得來全不費工夫
原來光源在心中
心中有光
人間無夜路

兵　變

烏克蘭的兵變
太複雜
死人太多
太悲慘了

我曾碰到一場兵變
很單純
沒死一人
只是有些失落

你是一陣風
翩然飄來
我以為你找到避風港

原來你暫時停泊
我在前方作戰
情報得知
你用一張紙發動兵變
我不想追擊
放你重生

祭島

一座地瓜島
不堪左右撕裂
受不了陰陽兩界
日夜不斷蹂躪
高調揚言
要去跳太平洋
自我了斷
各方都不敢來救
眼睜睜看著島
沈淪而死
告別式很熱鬧
各大強權
都來獻花致意

島不怕死
死於
無血無淚
島上眾生是外星人
無感
死的如此風光
也是哀榮

死有重於泰山
輕如一朵花
你的死
不輕不重
留下太多殘局
歷史會來收拾
並評價你的死
有幾兩重

其實我知道
島啊
你的生死
都身不由己
祭奠你轉世後
不要再是一座島
投胎神州中原大地
任何一地區
都比這鬼地方好

一杯咖啡的滅絕

一個世界形成了
或演化出來
有美麗的風景
山水壯闊
和平安靜
安靜安心的存在
炊煙裊裊
這是幸福和諧的世界
在沒有人的嘴巴
涉入之前

聊過俄烏之戰
笑諷那個叫澤倫死雞的

他端起咖啡
啄一下
這下不得了
不過一啄
一個世界開始動盪不安
美景受到嚴重破壞
山水變色

在傷口尚未恢復時
他又重重一啜
一個世界天崩地裂
又引起大海嘯
乾坤顛倒
難道這是傳說中的
地球第六次大滅絕
好好一個世界
被人吸乾抹淨

他們終於聊完八卦
留下一個個空杯
世界空了
悲傷的空杯們議論紛紛
最後認為
人類的出現
是演化論的錯誤
這是一杯咖啡滅絕時
共同建構的
新演化論

老人約會

人老了
更要約會
若你不約
誰知道你還在
半年一年後
大家都會以為你已移民
西方極樂國
因此，我總是
主動約會
親情、友情、愛情
都要常約會
你約會

人家不一定領情
沒關係
約會只是驗證
雙邊或多邊關係
你慢慢過濾
總會篩出真金真銀
就算只有一個黑影
也值得

老人家的約會
也是一種精神運動
腦力激盪
某種關係的
論證、辯證與實踐
各種情份在江流中
流淌浮沈
來個親密約會
是黃昏裡

最美的風景

人越老越需要
擴大約會的範圍
與美麗的花兒約會
與可愛的鳥兒約會
約山、約海
約詩詞歌賦
與酒相約
你喜歡什麼
就與什麼約會
當然，最後來找你約會
是安寧病房
那是不得已的
你不得不赴會
這是此生最後的約會

好美的夜晚睡不著

今晚的夜空無雲
天空的心胸
開闊明亮
月亮看起來
還是過著幸福美滿的日子
一些星星
依然頑皮
喜歡和我玩捉迷藏
我靜靜
當他們的知音
以心傳心
交流彼此的秘密
和情話

我有些想睡
才躺床上
正要織一段美夢
夜風從窗口悄悄爬進來
又將我喚醒
床前明月光
暗示此刻
世界多麼寧靜
我起身
趺坐沈思
也許太靜了
白天所見俄烏戰火
突然湧現心頭

那個沿路哭泣的男孩怎樣了？
他的父母呢？
他到了難民營了嗎？

他是否吃一頓飽飯？
在我們幸福美滿之際
這個世界
依然處處災難
誰在製造這許多災難？
教宗方濟各說話了
他代表上帝發表宣言
美國、英國、歐盟、北約
是全球災難製造者
製造了惡因
才形成今日
俄烏大戰惡果
這些西方霸權
是地球災難之源頭
這是上帝的聖示
眾生幾人能懂

美麗的夜晚睡不著

睡著了
又被夜風叫醒
剛躺下
星星和月亮聊起
西方霸權給全人類的災難
在美洲、亞洲、非洲……
罄竹難書
打開美國發展黑歷史
竟是一部
異種的大屠殺史

睡不著
我越想越可怕
這世界太黑了
我得快快躲進夢鄉
星星、月亮、夜風
無論如何叫我
決不醒來
夢才是真正的美麗

死詩和活詩

現在可能是一個
詩的大流行時代
寫詩的人
或就美稱詩人吧
應已超過恆河沙
每年出產的新詩總量
至少多過
長江加黃河沙數
大家如此努力寫詩
再過數年
新詩總數將可淹沒地球
重量也會壓垮地球
這是多可怕的事

不過大家放心
因為百分之九九點九九九……
的詩
全都是死詩
不論你用嘴巴叫他
用眼睛讀他
用手翻他
乃至用腳刺激他
他一動也不動
死躺在你眼前
如一具死屍
死屍般的死詩
起不了任何作用
這樣的詩
有等於沒有
幸好，地球上

尚存在極少的活詩
這些詩是活的
與讀者有很多交流
共鳴和感動
據我所知
李杜三蘇的詩都是活的
永遠不會死
當然，我的詩
更是活的
每一首詩
有血有肉有骨有靈魂
不信你讀讀看

呆呆的沈思

呆呆的午後
門口呆坐
回憶呆呆的從前
從前是一隻
無情的夢
綁架所有的季節
一去不回
你死不干心
硬要將從前
捕捉入懷
有什麼用呢
已經走失的季節

不入輪迴
你硬要捕捉
真是呆子
呆呆的沈思
但我現在窮得只剩從前
定要將從前找回
放進現在或未來
這是我呆呆的沈思

大樓的門都是黑洞

我們這棟大樓有很多住家
每家的門
都是深不可測的黑洞
因為幾十年來
從未見過洞中有人
也從未有人
進入任何一洞
猜想那洞
定是很黑、純黑的

黑洞常有秘密傳出
關於女人
老人或死亡

誰也不能證實
直到有一天
對面的一洞
的窗縫
傳出屍臭味
黑洞突然亮了
驚動各界
不久所有的門還是立成黑洞的樣子

留在我耳內的砲聲

半個世紀前
我一下部隊就當司令
衛兵司令是也
不久高調指揮官
靶場指揮官是也
為一個大演習
進行槍砲大射擊
左線預備……
右線預備……
全線預備……
開始射擊……
經過一天一夜的

轟隆、轟隆……
我們不打敵人
槍砲口一致對內
猛轟
各種高分貝聲音
都轟進我耳內
從此以後他們以我耳為巢
構建豪宅
成為我耳內永久居民
他們不請自來
天天在我耳內轟隆轟隆
我苦不堪言
找醫生要把他們趕走

奈何他們不走
他們愛上了我的耳內世界
我只好與他們共舞
共度餘生

現在留在我耳內的砲聲
已能相互適應
轟隆之音
時大時小
你入夢時
他們也睡覺了
人生難免要適應
一些不喜歡的對象

老人找到了

不小心把時間
弄丟了
急得到處找
一下子
急得頭髮白了
還是找不到
再找
大群人終於找到了
老先生
他喃喃自語
找到了
我把時間找到了
大家鬆一口氣

今後
要看緊老人家
才不會弄丟時間

夢話

夜喝醉了
還酒駕
撞死一個人的靈魂
幸好
兩造肉身完好

這回夜太冷
沒喝酒
放火燒了大樓
說為取暖
以免凍死了夜

上半夜到下半夜

忽熱忽凍
半醒不醒
只有夢
活像燃燒的戰場

日有所思夜有所夢
到底白天
幹了什麼好事??

東廠的風聲

密室有一細縫
神鬼不知
有要緊的風聲
捨命
從細縫逃出
又將一份秘密清單
散播給
另一個風聲
風聲日緊

最上面
有風聲傳出
封鎖這座城

逐一清查
一個廠公公當眾宣言
「我就是東廠」
不是陰謀是陽謀
聖旨到
顏色不對都殺了

「我就是東廠」
已穿透時空
以光速
飄向
三千大世界
追隨他的
生生世世

黑暗時代

不知道為什麼
這鬼地方
越來越黑
就算是白天
也是黑的
從最高的地方
天天黑
偽官府內都黑心
產出的全是
黑顏色的政策

這裡越來越黑
黑，會傳染

傳給無智者
傳給下一代
一切都黑
向黑看齊
沒有最黑
只有更黑
終於開啓了這
鬼地方的黑暗時代

第五輯　台大正門口的
流蘇心情不好

陸官 44 期福心會於台北國軍英雄館（2021.11.23）

文藝雅集，左起：林錫嘉、許其正、曾美霞、彭正雄、
筆者合影於台大醫院國際會議中心（2021.11.26.）

好想你

千山獨行的路上
已過了幾十年
一個影子
忽然呼喚我
昏黃的夜
對話中
仍記得彼此的名字

已經住在
不同的世界
是誰打開了蟲洞
或有量子糾纏

影子找到我

沒有秘密
也不須問科學
因為
幾十年了
我都在想你
就讓這量子糾纏
再糾纏千年吧

今年龍勢

驛馬星動
龍爭虎鬥
那是很久以前
現在只和自己鬥
鬥贏了
就有作品上市

天狗星占宮
不可言吉
莫說太平日
須防不測憂
在這鬼地方
禍福啊

就交給自己的
因果因緣

早祈神祐
自可無憂
一切交給佛
有佛住心中
則免愁也
我是那老白龍

每天新店溪岸走路

這裡沒有高低盤旋
適合老人走路
路很誠實
老人家不會迷路
沿路有鳥歌唱
或在青草地跳舞
大多時候
天空亮麗溫暖
對我們老人家
有禮又體貼

溪岸有一種
原始的安靜和美感

遠方的雲
如張大千的潑墨
有時溪流中很熱鬧
魚好像很想飛
飛出水面
我想魚也需要運動
走路或散步
這裡是眾生共享的空間

呆丸郎

眼睛閉著
大罵台電
為什麼到處是黑的

把自己關起來
關在火柴盒裡
四週風景
不值一瀏覽

世界就這一座島
島外無世界
東方、西方
已失方向感

所以也找不到
可靠的港
只好漂浮著

漂浮著
當一個浮萍
浮著

人何時能放下

放下、放下
未見有人能放下
體重太多
放不下

成為一把灰後
很輕
輕飄飄的
自然就放下

因此證明
人要修行到
成為一把灰的境界
才能放下

地球第六次大滅絕

你一再轉世
前五次
我無緣一見
這第六次
轉世前的滅絕過程
被我碰上

我看見
眾生都在逃難
天空發黑
大地荒蕪
我不逃
好寫滅絕大歷史

床非床（一）

說是床
並非是床
是一條繩子
一條條扭絞的索
組成床之形

看那香香的枕
是柔柔的繩
美美的棉被
是溫暖的索
浪漫的光
是無形的繩
就等你上床

你一上床
立刻就被綁住
綁住你的思維
捆住你的肉身
繫住你的魂
接下來
一根根的繩子
釣走你的銀子
你想脫逃
套在脖子上的繮繩
無論如何
再也解不開

若你硬要脫逃
那繩子
立即化成
一把尖刀

刀子是不長眼的
所以囉
小心床
尤其小心上床
因為一上床
就下不了床

還是有不信邪的
上床了
又不負責
繩子不原諒你
刀子也饒不了你
你……

床非床（二）

說是床
並非是床
是一個戰場
沒有坦克大砲
不見槍林彈雨
但，所有的人
都在這戰場
奮戰一輩子
且所有人
最後也都
死在這個戰場上
人生如戰場

戰場就得打仗
你這輩子
想要有所獲得
想更上層樓
定位關係
像一個男人
女人也是
進而想修成正果
成家立業
傳宗接代
首先，你必須
在這個戰場上
打勝仗
或至少要有滿意的成果

打仗會上癮
但打多了
揮霍太多資源

你很快會和烏克蘭一樣
被中立化
解除所有的戰力
被戰場徹底汰除

就算不打仗
你也每天要上戰場
既然是戰場
必有種種問題
而且，你越老
戰場上問題越來越多
不斷困擾你
攻擊你
直到有一天
你死在這個戰場上
從今以後
再也沒有任何問題

街上晃，二〇二七年

有一天寫累了
到街上晃晃
漫無目的
晃在台北街頭
發現
許多晃的
不像人
我心驚血液也晃著
難道這裡真是
鬼地方嗎？
到處是
搖搖晃晃的影子

我繼續晃
晃進一家最熱鬧的百貨公司
心想，這裡人潮
多過太平洋的水
我更心驚
這裡鬼都沒有一個
燈光亮著
有影子晃動

我不相信
絕不可能
難道人都死光了嗎？
都死光了
屍體也在
我又晃到附近百貨公司
也一樣
街上、商場……
靜如死城

一切都在
不見一人
到處有影子晃動

又晃到101大樓、火車站、捷運站
到學校、電影院……
還是一樣
空無一人
鬼也沒有一個
為什麼有影子晃動？
是我的幻覺嗎？
我晃累了
晃到一個學校教室休息
教室正前方掛著大日曆
二〇二七年元月一日
我若有所悟
又大惑不解……

日子一天天過

早晨和黃昏
時間有如
乾柴烈火
一下就燒盡
每天都燒得
只剩灰

在日子的腳步聲中
我趺坐調息
呼吸變慢
日子也走的慢
有些腳步
擱淺在時間之河

年輕時代的花事
在夢中復活
日子就綻放了
一天天過去的日子
有時候
灰中也有浪漫事

未來的風景

未來的風景
光線越來越暗
看風景的人
日漸減少
只有空蕩蕩的日子
伴你晨昏
孤獨陪你用餐
路也越來越艱險
終於回到原點
迎接最後一絲亮光
天就完全黑了
最後的風景是
沒有風景

與方飛白在師大分部小坐

太陽按時起床
蟾蜍山尚未醒來
師大分部的鳥兒一向早起
有蟲吃
又能聽詩人方飛白
講阿拉伯的神話故事
說阿拉伯的天空
只有神
沒有鬼
且有黑色情話
在沙漠流傳萬年
有紅玫瑰在紅海飄泊

他說得「嘴角全沫」

我似懂非懂
我一輩子在這鬼地方
以為阿拉伯在火星
旁邊樹林的鳥兒
吃完早餐
都圍攏過來
聽方飛白說故事
我們就在樹下坐著
鳥兒就在旁邊
他們也開始說著他們的故事
我和方飛白開始保持靜聽
原來他們的故事更精彩

註：我和詩人方飛白都住師大分部附近，二〇二二年春之際，幾次在假日相約師大分部的小樹林裡小坐。上午八九點間，鳥兒也吃過早餐，最愛聽人類聊八卦。詩中提到「紅海飄泊紅玫瑰」、「阿拉伯的天空」、「黑色情話」，都是方飛白的詩集書名。

詩中有「嘴角全沫」，用台語發音，意思說一個人高談闊論的神情，講得口沫橫飛。

榮總切片住院

所有的零件
都已用了七十年
能修的修
能補的補
醫生說有個地方
要切片
切幾片下來
看新不新鮮

終於切了十二片
十二片有些老
的五花肉
住院等待著

病房的風景
總是溫馨和寂靜
像一座超大工廠
能修補人身上
所有零件

凡事有例外
有一晚上
我碰到一個病人
他說他的零件
不能修補也不能換
用到不能用為止
醫生還告訴他
最多再用七個半月
他感傷

我是不眠之夜

檢查終於有了結果

醫生說平時欠保養
零件生銹了
修補後小心使用
還能用很多年
無意外的話……
醫總總用好心的威脅
擴展生意版圖

春花秋月何時了

年輕時
反攻大陸的壯志
隨一朵春花
飄落在
時空的雲端
又歷半個世紀沉釀
花香飄滿神州

這代價是多大
飄流的國
就自我燃燒吧
以溫度和能量
供養龍族夢

一樣的月光
溫柔著一樣的大地
而飄流的國
春花秋月都已了
憂傷隨風去
不可承受之重
也已輕

往事知多少

往事
早已秤不出重量
一斤幾塊
就隨意吧
或送給藍天

往事
從雞毛蒜皮到
春秋大業
全寫在沙灘
不知有多少

往事

在明滅中
忽有忽無
如散落的微塵
到底有多少

一路走來

一路走來
走過七十年了
很長很久
走過許多大小的山
山路艱困
也經過不少水路
水路也不好走
不論叫海稱洋
地球是平的
但無平路

不論山路海路
總讓鮭魚經常迷路

更多時候
前方一片白茫茫
分不清路與非路
這時候閉上雙眼
以心傳心
便一條路顯現在心中
這是我一路走來
所得之經驗

台大正門口的流蘇心情不好

台大正門口一株流蘇
是這幾年的網紅
每年春季
她的花
紅的發紫
令台大眾花皆失色
她的粉絲無限多
到了花季
無數朝拜者
向她禮讚
成為台大杜鵑花季
最熱鬧的亮點

但不知為什麼
今年花季都快過了
這株流蘇
就是不開花
許多人在等待與嘆息中
她硬是不開花

我決定專程前往探視
查明原因
我以心傳心
終於和流蘇有了親密對話
原來如此
不是地球暖化
也不是地球第六次大滅絕
更不是疫情原因
這些原因都不能阻止
流蘇要開花的欲望
而是這個鬼地方

人都變成青蛙
一隻隻都是被煮過的青蛙

這些青蛙
把這鬼地方快搞成
第二個烏克蘭
流蘇心情不好
不想開花給這鬼地方
的傻B看
這是台大正門口一株流蘇
今年不開花的原因
她心情不好

垃圾化成詩

垃圾化黃金
已不稀奇
垃圾化成詩
是後現代的新科學
比半導體夯
我現在練習
怎樣從垃圾煉出詩來

生活在這鬼地方
垃圾越來越多
你不信嗎
你看那高層領導、中層管理
廣大的下流就別提了

全是垃圾
一座沈淪的垃圾王國
你活在垃圾堆裡
若不想辦法
把一些垃圾化成詩
就得去跳太平洋

外面那些被風聲雨聲
帶進來的垃圾
我用筆刀削剪
以我熱力加溫
使其產生質變量變
並炒作之
詩乃從中誕生

路邊的頑石
撿回來
拂去面上的灰

已謝的花
落葉乾枝腐果等
都是詩的夢幻組合
他們都以各種不同形像
述說人生的
生住異滅

有些垃圾是真理
有些垃圾是詩
沒有什麼垃圾
是永遠的垃圾
只有那些被煮過的青蛙
若不化成詩
才是永恆的垃圾

酒後寫的詩

為什麼李白斗酒詩百篇
因為酒後
把人醞釀成一座
詩工廠
可以瞬間量量
一脱拉庫品質好的詩
每個字都暈醉
步伐多元
可以多層次解讀
這是酒後詩作的特色

用酒釀詩
讀起來有酒香

又有感覺
有時醉在夢中
有時產出的詩最有境界
所謂如夢如醉
你就像一個
鬼魂，自稱
酒國英雄
更是萬能詩人

我不入地獄，誰入地獄？

人身難得
本應為善
但人間出現了倭鬼子
誰來消滅惡鬼
大家都當好人善人
小倭鬼子
越是無法無天
誰來消滅
大不和民族
成為龍族的天命
我滿腹國仇家恨
民族大義衝天

我一生有個天命
在喚醒龍族之天命
消滅不該存在的
小倭鬼子
牠們是進化論的錯誤
最邪惡之物種
必使其亡族亡種亡國

這要死多少人？
死的不是人
是妖魔鬼
廿一世紀龍族有個天命
以核武消滅倭國
這是公平還債
合乎人權、公義
相較於倭人發動
「第一次亡華之戰」（明萬曆時）
「第二次亡華之戰」（清末時）

「第三次亡華之戰」（民國時）
死傷千萬億
以今之倭國總人口抵債
剛剛好，合人權、公平
合因果
可能還不夠

這是我的主張
我的天命
必滅倭國
我用三世著作大力宣揚
中國人在本世紀中葉前
必完成這個天命
為亞洲、為全人類
為男人們、女人們
能夠平安過日子
我是壞蛋嗎？
有罪我承擔

我不入地獄誰入地獄？
到地獄謁見地藏菩薩
問道因果是否妄言？
倭國至今為何不亡？

小倭鬼子國
在本世紀內
未亡於大海嘯、大地震
必亡於核彈
這是因果

月的鄉愁

月光的情懷
傳達一種秘語
溫柔只是
傳說中
李白的鄉愁
一生中
恆久不滅

遙遠的星際
也有同樣的鄉愁
糾纏著
他高舉雙手
那是另一個你

月光每個夜晚
都隱約中
來你的夢裡
說你童年的故事
甚至你的前世
引你逆流而上
找到自己的從前

一座山的兵敗如山倒

這是一座巨大的山頭
坐鎮神州
呼風喚雨
地位高過五岳
曾幾何時
經不住幾陣東風和西風
內外挾攻
數年間
大山頭兵敗如山倒
衣冠文物紛紛南渡
流落到一個鬼地方
各大小山頭

在這個鬼地方
也經營出一片新氣象
度過幾年好日子
但所謂鬼地方
當然就是妖魔鬼怪多
兩造較勁的結果
這些山頭
又是兵敗如山倒
被魔鬼妖族鎮得死死的

鬼族企圖割斷龍脈
割裂山河
也割海
荒島上的生靈
墜落深淵
過著水深火熱的日子
這一切的源頭
都因一座巨大的山頭

連續性的兵敗如山倒

一座大山頭
為什麼垮得這麼快？
一千多萬的身價
丟到剩三萬多塊
如今三萬多
也丟光了
巨大的山頭
成了扶不起的阿斗
乃至敗家子
原因何在？
史家都在研究……

陳福成著作全編總目

壹、兩岸關係

①決戰閏八月
②防衛大台灣
③解開兩岸十大弔詭
④大陸政策與兩岸關係

貳、國家安全

⑤國家安全與情治機關的弔詭
⑥國家安全與戰略關係
⑦國家安全論壇。

參、中國學四部曲

⑧中國歷代戰爭新詮
⑨中國近代黨派發展研究新詮
⑩中國政治思想新詮
⑪中國四大兵法家新詮：孫子、吳起、孫臏、孔明

肆、歷史、人類、文化、宗教、會黨

⑫神劍與屠刀
⑬中國神譜
⑭天帝教的中華文化意涵
⑮奴婢妾匪到革命家之路：復興廣播電台謝雪紅訪講錄
⑯洪門、青幫與哥老會研究

伍、詩〈現代詩、傳統詩〉、文學

⑰幻夢花開一江山
⑱赤縣行腳・神州心旅
⑲「外公」與「外婆」的詩
⑳尋找一座山
㉑春秋記實
㉒性情世界
㉓春秋詩選
㉔八方風雲性情世界
㉕古晟的誕生
㉖把腳印典藏在雲端
㉗從魯迅文學醫人魂救國魂說起
㉘六十後詩雜記詩集

陸、現代詩（詩人、詩社）研究

㉙三月詩會研究
㉚我們的春秋大業：三月詩會二十年別集
㉛中國當代平民詩人王學忠
㉜讀詩稗記
㉝嚴謹與浪漫之間
㉞一信詩學研究：解剖一隻九頭詩鵠
㉟囚徒
㊱胡爾泰現代詩臆說
㊲王學忠籲天詩錄

柒、春秋典型人物研究、遊記

㊳山西芮城劉焦智「鳳梅人」報研究
㊴在「鳳梅人」小橋上
㊵我所知道的孫大公

2015 年 9 月後新著

編號	書　　　名	出版社	出版時間	定價	字數（萬）	內容性質
81	一隻菜鳥的學佛初認識	文史哲	2015.09	460	12	學佛心得
82	海青青的天空	文史哲	2015.09	250	6	現代詩評
83	為播詩種與莊雲惠詩作初探	文史哲	2015.11	280	5	童詩、現代詩評
84	世界洪門歷史文化協會論壇	文史哲	2016.01	280	6	洪門活動紀錄
85	三搞統一：解剖共產黨、國民黨、民進黨怎樣搞統一	文史哲	2016.03	420	13	政治、統一
86	緣來艱辛非尋常－賞讀范揚松仿古體詩稿	文史哲	2016.04	400	9	詩、文學
87	大兵法家范蠡研究－商聖財神陶朱公傳奇	文史哲	2016.06	280	8	范蠡研究
88	典藏斷滅的文明：最後一代書寫身影的告別紀念	文史哲	2016.08	450	8	各種手稿
89	葉莎現代詩研究欣賞：靈山一朵花的美感	文史哲	2016.08	220	6	現代詩評
90	臺灣大學退休人員聯誼會第十屆理事長實記暨 2015～2016 重要事件簿	文史哲	2016.04	400	8	日記
91	我與當代中國大學圖書館的因緣	文史哲	2017.04	300	5	紀念狀
92	廣西參訪遊記（編著）	文史哲	2016.10	300	6	詩、遊記
93	中國鄉土詩人金土作品研究	文史哲	2017.12	420	11	文學研究
94	暇豫翻翻《揚子江》詩刊：蟾蜍山麓讀書瑣記	文史哲	2018.02	320	7	文學研究
95	我讀上海《海上詩刊》：中國歷史園林豫園詩話瑣記	文史哲	2018.03	320	6	文學研究
96	天帝教第二人間使命：上帝加持中國統一之努力	文史哲	2018.03	460	13	宗教
97	范蠡致富研究與學習：商聖財神之實務與操作	文史哲	2018.06	280	8	文學研究
98	光陰簡史：我的影像回憶錄現代詩集	文史哲	2018.07	360	6	詩、文學
99	光陰考古學：失落圖像考古現代詩集	文史哲	2018.08	460	7	詩、文學
100	鄭雅文現代詩之佛法衍繹	文史哲	2018.08	240	6	文學研究
101	林錫嘉現代詩賞析	文史哲	2018.08	420	10	文學研究
102	現代田園詩人許其正作品研析	文史哲	2018.08	520	12	文學研究
103	莫渝現代詩賞析	文史哲	2018.08	320	7	文學研究
104	陳寧貴現代詩研究	文史哲	2018.08	380	9	文學研究
105	曾美霞現代詩研析	文史哲	2018.08	360	7	文學研究
106	劉正偉現代詩賞析	文史哲	2018.08	400	9	文學研究
107	陳福成著作述評：他的寫作人生	文史哲	2018.08	420	9	文學研究
108	舉起文化使命的火把：彭正雄出版及交流一甲子	文史哲	2018.08	480	9	文學研究

109	我讀北京《黃埔》雜誌的筆記	文史哲	2018.10	400	9	文學研究
110	北京天津廊坊參訪紀實	文史哲	2019.12	420	8	遊記
111	觀自在綠蒂詩話：無住生詩的漂泊詩人	文史哲	2019.12	420	14	文學研究
112	中國詩歌墾拓者海青青：《牡丹園》和《中原歌壇》	文史哲	2020.06	580	6	詩、文學
113	走過這一世的證據：影像回顧現代詩集	文史哲	2020.06	580	6	詩、文學
114	這一是我們同路的證據：影像回顧現代詩題集	文史哲	2020.06	540	6	詩、文學
115	感動世界：感動三界故事詩集	文史哲	2020.06	360	4	詩、文學
116	印加最後的獨白：蟾蜍山萬盛草齋詩稿	文史哲	2020.06	400	5	詩、文學
117	台大遺境：失落圖像現代詩題集	文史哲	2020.09	580	6	詩、文學
118	中國鄉土詩人金土作品研究反響選集	文史哲	2020.10	360	4	詩、文學
119	夢幻泡影：金剛人生現代詩經	文史哲	2020.11	580	6	詩、文學
120	范蠡完勝三十六計：智謀之理論與全方位實務操作	文史哲	2020.11	880	39	戰略研究
121	我與當代中國大學圖書館的因緣（三）	文史哲	2021.01	580	6	詩、文學
122	這一世我們乘佛法行過神州大地：生身中國人的難得與光榮史詩	文史哲	2021.03	580	6	詩、文學
123	地瓜最後的獨白：陳福成長詩集	文史哲	2021.05	240	3	詩、文學
124	甘薯史記：陳福成超時空傳奇長詩劇	文史哲	2021.07	320	3	詩、文學
125	芋頭史記：陳福成科幻歷史傳奇長詩劇	文史哲	2021.08	350	3	詩、文學
126	這一世只做好一件事：為中華民族留下一筆文化公共財	文史哲	2021.09	380	6	人生記事
127	龍族魂：陳福成籲天錄詩集	文史哲	2021.09	380	6	詩、文學
128	歷史與真相	文史哲	2021.09	320	6	歷史反省
129	蔣毛最後的邂逅：陳福成中方夜譚春秋	文史哲	2021.10	300	6	科幻小說
130	大航海家鄭和：人類史上最早的慈航圖證	文史哲	2021.10	300	5	歷史
131	欣賞亞媺現代詩：懷念丁穎中國心	文史哲	2021.11	440	5	詩、文學
132	向明等八家詩讀後：被《食餘飲後集》電到	文史哲	2021.11	420	7	詩、文學
133	陳福成二〇二一年短詩集：躲進蓮藕孔洞內乘涼	文史哲	2021.12	380	3	詩、文學
134	中國新詩百年名家作品欣賞	文史哲	2022.01	460	8	新詩欣賞
135	流浪在神州邊陲的詩魂：台灣新詩人詩刊詩社	文史哲	2022.02	420	6	新詩欣賞
136	漂泊在神州邊陲的詩魂：台灣新詩人詩刊詩社	文史哲	2022.04	460	8	新詩欣賞
137	陸官 44 期福心會：暨一些黃埔情緣記事	文史哲	2022.05	320	4	人生記事
138	我躲進蓮藕孔洞內乘涼：2021 到 2022 的心情詩集	文史哲	2022.05	340	2	詩、文學

陳福成國防通識課程著編及其他作品

（各級學校教科書及其他）

編號	書　　　名	出版社	教育部審定
1	國家安全概論（大學院校用）	幼　獅	民國 86 年
2	國家安全概述（高中職、專科用）	幼　獅	民國 86 年
3	國家安全概論（台灣大學專用書）	台　大	（臺大不送審）
4	軍事研究（大專院校用）（註一）	全　華	民國 95 年
5	國防通識（第一冊、高中學生用）（註二）	龍　騰	民國 94 年課程要綱
6	國防通識（第二冊、高中學生用）	龍　騰	同
7	國防通識（第三冊、高中學生用）	龍　騰	同
8	國防通識（第四冊、高中學生用）	龍　騰	同
9	國防通識（第一冊、教師專用）	龍　騰	同
10	國防通識（第二冊、教師專用）	龍　騰	同
11	國防通識（第三冊、教師專用）	龍　騰	同
12	國防通識（第四冊、教師專用）	龍　騰	同

註一　羅慶生、許競任、廖德智、秦昱華、陳福成合著，《軍事戰史》（臺北：全華圖書股份有限公司，二〇〇八年）。

註二　《國防通識》，學生課本四冊，教師專用四冊。由陳福成、李文師、李景素、頊臺民、陳國慶合著，陳福成也負責擔任主編。八冊全由龍騰文化事業股份有限公司出版。